It’s not about taste,
it’s about what tastes good.
Gene Simmons

Was mache ich hier?

Arthur Rimbaud

1. Auflage

Lektorat: Lukas Kubina
Design & Satz: Wiegand von Hartmann GbR
Druck: Druckhaus Nomos
Printed in Germany
ISBN 978-3-9820440-0-2

Markus Miessen

14 Tage. Eine Bilanz

Sonntag, 29. August

Flug von Frankfurt am Main nach Bangkok. Irgendwo zwischen Hessen und Kabul. An Bord: Alleinstehende auf der Suche nach Zärtlichkeit und dreizehn interracial Ehepaare. Die Männer gekonnt anonym. Man kennt sich aus der ADAC-Motorwelt.

Montag, 30. August

Frühstück. Der Mann am Nebentisch trägt ein T-Shirt mit der Aufschrift *The Khmer Alphabet.* Vor dem Café stolpert ein Franzose beim Studieren des Lonely Planet versehentlich über zwei rastalockenknotende Thai-Friseusen und bricht sich den Knöchel. Eine Bootsfahrt auf dem Chao Phraya führt aufgrund des nicht abbrechenden Stroms von Touristen zur ersten Sinnkrise. In einem Kiosk mit der Aufschrift *Travel Royale* buchen wir einen Flug für den nächsten Morgen.

Dienstag, 31. August

Die Taxifahrt vom Flughafen auf Phuket zu einem Pier in den Mangroven lässt die Reizüberflutung von Bangkok vergessen. Eine Übernachtungsstätte zu finden wird während der Bootsfahrt auf die Insel Ko Yao Noi konsequent verdrängt. Nach dem zuvorkommenden Angebot einer Familie am Pier befinden wir uns samt Gepäck auf der Ladefläche eines Isuzu Pickups. *When I let loose with this Uzi and just shoot through your Isuzu.* Vierzehn Kilometer später: auf einem Pappschild vor drei Hütten steht *low season, no food.* Der erste Gang ins Meer endet im Fiasko: Auf eine Koralle getreten. Mein Mitreisender blickt auf die klaffende Wunde seiner rechten Fußsohle. Margiela Weiß trifft auf Chanel Rouge Fatal. Wir ziehen verwirrt zurück in die Hütte.

Mittwoch, 1. September

Das Frühstück ist geprägt von den Monologen eines Fischers (Danny), der vorschlägt, uns mit seinem long tail boat auf die andere Seite der Bucht zu fahren. Nach einer Reihe von Schnorchel-Stopps auf unbewohnten Kleinstinseln verlassen wir den Nationalpark in Richtung der Bucht von Krabi. Am Pier angekommen, realisieren wir, dass wir in der falschen Bucht sind. Das Boot ist weg. Umringt von Katzen, warten wir auf ein Zeichen. Zwei Stunden später sitzen wir in einem Toyota Hilux, Pick-Up, zweite Reihe. Ein Junge (Danny 2) bietet an, uns für 400 Baht zu chauffieren. Wir sitzen auf den perlenbesetzten Notsitzen. Farbe: Kawasaki Grün. Vor uns drei Thai Boys, die jeder vorbeilaufenden Frau auf der Straße hinterherhupen. Wir setzen nach Rai Leh über.

Donnerstag, 2. September

Der kommende Tag endet im physischen Eklat. Verschreckt von der kanarischen Resortarchitektur und den bei Long Island Ice Tea am Strand sitzenden Frankfurter Ultras, schlagen wir uns ins Hinterland. Auf dem Rückweg von einer feuchtwarmen Felshöhle, die aus unerklärbaren Gründen mit hölzernen Phallussymbolen gefüllt ist, stoßen wir auf ein Plastikschild im Gestrüpp. Es erzählt von einer Lagune. Am Rand des Schildes ist ein kleines Piktogramm abgebildet. Es zeigt einen Schuh. Der Aufstieg erscheint anfangs bequem, später kaum machbar. Die Flipflops tragen nicht zum Erfolg bei. Zweihundert Höhenmeter aufwärts realisieren wir: Eine Lagune ist ein von Meerwasser gespeister See. Es geht also wieder abwärts. Der Abstieg entpuppt sich als unmöglich. Aufgrund des Monsuns sind die Felswände nass und die feuchten, notdürftig angebrachten Hanfseile nicht mehr als eine symbolische Geste. Auf dem Weg in die Lagune treffen wir auf ein österreichisches Pärchen. Das Mädchen ist völlig entnervt. Ihr Freund (Danny 3) treibt sie seit einer Stunde dazu an weiter abzusteigen. Auch sie trägt Flipflops. Später wird sich herausstellen, dass dieser kurze verbale Kontakt das einzige soziale Zusammenkommen der gesamten Reise sein wird. Es sollten also Österreicher sein. Die Lagune erreichen wir nie. Der Fels ist zu steil. Der weitere Abstieg undenkbar. Bei Einbruch der Dunkelheit erreichen wir die Bungalows. Die Ultras am Strand haben umdisponiert: Man trinkt Chablis.

Freitag, 3. September

Auch in Rai Leh stellt sich schnell raus: Wir möchten nicht unter Menschen sein, die sich das Wort *Reisen* als Kulturbotschaft auf die Stirn geschrieben haben. Am Morgen verlassen wir in stiller Übereinkunft die Insel. Das kleine Boot nach Phi Phi ist erwartungsgemäß voller Touristen. So was kennt man sonst nur von Fährstrecken zwischen den Balearen. Ko Phi Phi überrascht als Weiterführung israelischer Siedlungspolitik. Die West Bank erstreckt sich bis zur Westküste Thailands. Die Inselsprache ist Hebräisch. Dazwischen plätschert schon mal etwas Midwestenglisch und Kontinentalspanisch. Wir fliehen auf die andere Seite der Bucht. Konsensbungalow in Strandnähe. Nach dem Abendessen durchkämmen wir die Insel. Hier wird gruppiert. Sämtliche amerikanischen und israelischen Neuankömmlinge verwickeln sich sofort in die bekannten Travellergespräche und postmilitärischen Saufgelage. Durch Kleidung, Haartracht und Verhalten wird versucht, sich selbst zu beweisen, dass man Teil der Kultur vor Ort sei. Durch monotone Muster – das kollektive Tragen von Birkenstocks Modell Gizeh, Rastalocken und thailändischen Fischerhosen – setzt man sich hier bewusst als homogene Statuskopie unbewusst vom bereisten Land ab. Besonders schlimm ist es um die bestellt, die meinen, sich durch temporäre Aneignung lokaler Gebräuche – Muay Thai oder importierte Yoga-Formen – der lokalen Lebensart zu nähern. Man stelle sich vor, als deutscher Tourist in Brüssel das Klöppeln von Spitzendeckchen erlernen zu wollen. Auch sollte in diesem Zusammenhang nicht unerwähnt bleiben, dass der gemächlich Reisende bisweilen etwas irritiert wahrnimmt, wie besonders die rucksackreisenden Touristen immer wieder nach Budget-Übernachtungsmöglichkeiten suchen, die mit dem ästhetischen Anspruch verbunden sind, einer extern homogenisierten und brutal-trivialisierten Lokalkultur zu entsprechen, die der einheimischen Bevölkerung gänzlich unbekannt ist. Man stelle sich Europäer vor, die in den Vereinigten Staaten ein Tipi für die geeignete Übernachtungsmöglichkeit halten. Bisweilen kommt es vor, dass sich israelische oder US-amerikanische Reisende Essstäbchen zum Yellow Curry nachbestellen, obwohl diese Esskultur von den Einheimischen selbst nicht praktiziert wird. Dass die Bedienung des Restaurants in den Laden auf der anderen Straßenseite gehen muss, um das Besteck zu kaufen, spielt für die Sinnsuchenden am Nebentisch scheinbar keine Rolle. Dito: Das Umbestellen bestimmter Konfitüresorten beim morgendlichen Strandfrühstück: Es kommt auf den Tisch, was erhältlich ist. Da bringt auch das mehrmalige Nachfragen nach Erdbeermarmelade nichts. Man kann es niemandem zum Vorwurf machen. Drei Jahre in der Armee zerstören jegliche Art von sozialem Feingefühl. Nach eingeholten Informationen über Tauchbasen endet der Abend erneut in einem Fußmassagestudio. Wir verlängern von ursprünglich veranschlagten 30 auf 120 Minuten.

Samstag, 4. September

Zu Fuß machen wir uns zu einem zwei Stunden entfernten Strand auf. Dort hat mein Mitreisender vor zwölf Jahren einmal gewohnt. Die Entfernung führt dazu, dass wir am Ziel physisch labil in einer lustlos bewirteten Hütte auf dem Holzboden liegen. Ein kurz in Erwägung gezogener Umzug wird als zu kompliziert eingestuft. Wieder Jack Johnson. Alternativ: Barry Manilow gefolgt von ABBAs *Dancing Queen.* Ein geplanter Schnorchelgang scheitert wegen mehrstündigen Leserefugiums, irgendwo zwischen Ben Bratton, Chantal Mouffe und Alexander Schimmelbusch. Das iPhone spielt The Notwist im Endlosloop.

Sonntag, 5. September

Scuba Review. Unsere Tauchkenntnisse werden innerhalb von drei Stunden wieder auf einen akzeptablen Stand gebracht. Der Tauchlehrer ist rastatragender Ex-IDF, was sich allerdings durch seinen Namen, Danny (4), relativiert. Der zweimalige Spießrutenlauf, der Kreuzgang in voller Tauchmontur über die Haupteinkaufsstraße, vorbei an diversen John-J-Rambo-Motiv-T-Shirt-Shops, Thai Pancakes und hundertvierzig Touristen der Gizeh-Fraktion, führt zur völligen geistigen Ermüdung. Hier wird zum ersten Mal erkannt, dass das Aussehen meines Mitreisenden in einem Neoprenanzug dem von Randy Lewis bei den 84er olympischen Spielen von Los Angeles ähnelt. Beim Confined Water Dive regiert das persönliche Pathos. In drei Meter Wassertiefe erinnern wir uns an ehemals Gelerntes. Unter Wasser versuchen wir verzweifelt, den Tauchlehrer davon zu überzeugen, dass es nicht nötig sei, die Maske zu fluten. Einige Minuten später erfährt der Erzähler einen schmerzhaften Krampf im Gesäß. Den Tag lassen wir mit diversen Fußmassagen ausklingen. Die völlige Erschöpfung führt zeitweilig zum Wunsch nach Boulevard TV-Formaten à la *Brisant.* Da wir uns unserer geographischen Lage bewusst sind, wird spontan umdisponiert: Bei King Prawns und Watermelon Shake sehen wir in einer benachbarten Bar zum zweiten Mal innerhalb von 72 Stunden den Film *21 Grams* in voller Länge. Er führt zur völligen Auflösung unseres sozialen Vertrages. Ein Gespräch erweist sich als unmöglich. Der Gang zum Bungalow endet im emotionalen Zusammenbruch, der durch die spontane Konfrontation mit der Redneckrealität eines Post-9/11 *Homeland* Intermezzos ausgelöst wird.

Montag, 6. September

Der Wecker klingelt um 7 Uhr. Die Insel strahlt. Das Tauchboot entfernt sich circa 40 Minuten von der Insel. Zwei Tauchgänge. Hohe Partikelzahlen, keine Großfische. 400 ml Nasensekret ergießen sich über den gerade freigelegten Oberkörper. Körperliche Ermüdung. Der Neoprenanzug riecht beißend nach Urin. Wir sitzen gelangweilt auf dem Boot und tauschen Taucherlebnisse von den Malediven aus. Die körperliche Erschöpfung leitet eine zweite Sinnkrise ein, die alle ursprünglichen Tauchpläne ad absurdum führt. Der Abend wird in einer deutschen Konditorei verbracht. Was wir zu diesem Zeitpunkt noch nicht wissen, ist, dass sich direkt gegenüber eine hervorragende lokale Bäckerei befindet, deren pain au chocolate die der Marylebone High Street in den Schatten stellt. Man zeigt zum wiederholten Male *Zero Dark Thirty.* Abbottabad. Jessica Chastain. Wahlweise *The Beach.* Der wird auch durchs mehrfache Ausstrahlen nicht besser. Wir stellen uns vor, dass die davon geblendeten Traveller auf ihrem nächsten Schnorchelplanschgang ebenfalls vom Hai angefallen werden.

Dienstag, 7. September

Ein kurzes Frühstück im Café des Vorabends führt zum sofortigen Entschluss, die Insel zu verlassen. Wir begeben uns im Geleit von 35 israelischen und 20 US-amerikanischen Traveller-Karikaturen auf ein Boot Richtung Phuket. Den ironischen Abschluss als raison d'être der hier dominierenden Reisegebräuche leistet ein Angelino, der seine abgetrennten Rastalocken trophäenartig an seinem auf den Bauch geschnallten fake North Face Daypack vor sich herträgt, Diesel Denim Dufflebag rückseitig. Die Ankunft überzeugt durch direkten Anschluss zum Bus-Terminal mit einem Toyota Minivan. Die Traveller geben sich erstaunt, dass wir bereits in der Stadt den Bus verlassen. Daraufhin ertragen wir die zweieinhalbstündige Fahrt mit dem Regionalbus nur schwer. Die Fahrt wird mit circa

5 km/h im Endlosjam zurückgelegt. Der angebliche Zielort, Khao Lak, entpuppt sich nicht nur als homoerotisches Mekka – hier ist besonders das *Discovery Café* zu empfehlen – sondern auch als Absteige südbadischer Aussteiger, die die oft noch sehr jungen Qualitäten Thailands entdeckt haben. Beim allmorgendlichen Instantkaffee vor dem Bungalow lesen wir gerne die Südostasien Zeitung. Vor dem Café scheitern die Versuche des Garçons mit Schmetterlingstätowierung im Nacken – Bildunterschrift *Wings of Desire* – uns ins Innere zu locken. *Deutscher Visa Service und Thaifrau aus dem Internet?* Bei der Lektüre der Südostasien Zeitung entdecken wir einen *Lesecocktail, den man in einem Zug verschlürfen möchte.* Bei der Liebe für ewig hilft gerne Mr. Bernd des deutschen Reisebüros in Pattaya. Beim Sondieren der lokalen Möglichkeiten in einer deutschen Travel

Agency erwähnt Rainer, der Besitzer aus Fulda, der erst unlängst seinen Weg von Pattaya in den Süden des Königreiches gefunden hat, die Möglichkeit der Budget Autovermietung. Sein Aussprachefehler *(Budges)* wird mehrmals durch seinen thailändischen Mitarbeiter korrigiert. Bei dem Versuch uns einen seiner Bungalows zu vermieten, verschlägt es ihm die Sprache. Unsere finanziellen Standards übersteigen seine Vorstellungskraft. Wir bewegen uns wieder Richtung Hauptstraße und arbeiten uns in der Mittagssonne zur Autovermietung vor. Es stellt sich heraus, dass die Miete nur dann zustande kommen kann, wenn das Fahrzeug am Flughafen Phuket, zweieinhalb Stunden südlich, abgeholt wird. Sämtliche Suzuki 4WD, die man sonst nur von den Balearen kennt, sind hier bereits ausgebucht. Wieder im Bus. Die diesmal dreistündige Fahrt endet im Debakel. Der Bus passiert den

Flughafen überhaupt nicht. Mit dem Taxi erreichen wir schließlich das Mietbüro am Flughafen. Das Fahrzeug – Honda Accord, 2,4 Liter Automatik – wird übernommen. Die Gesamtkosten der Miete und Fahrt bis ins 900 Kilometer entfernte Bangkok belaufen sich auf 140 Euro, inklusive Vollkasko, Insassenschutz und Rückführung. Die Fahrt zum nächstgelegenen Strand endet bei einem jordanischen Resortdirektor, mit dem ein Übernachtungsdeal ausgehandelt wird. Aufgrund der Nebensaison ist hier fast alles möglich. Der Direktor erzählt ungefragt, dass das Resort ein Hobby seiner Frau sei. Wir spekulieren auf mögliche Al-Quaida Kontakte. Beim Abendessen am Strand, begleitet von einem Joint rauchenden britischen Pärchen vor uns und einer US-amerikanischen Missionierung – 72-jähriger Glatzkopf trifft 19-jährige Thai – neben uns, erörtern wir Pläne für die kommenden Tage. Sowohl der Amerikaner als auch die junge Thai sind während des gesamten Abendessens stillschweigend damit beschäftigt Kurzmitteilungen zu versenden. Concerto contemporaneo.

Mittwoch, 8. September

Kurze Unterhaltung mit Michael, dem sozial verlorenen Tauchlehrer aus Nürnberg, der uns mit einer elongierbaren Antenne an zwei Karten die eh schon bekannten Möglichkeiten des Tauchens an Thailands Westküste erklärt. Große Enttäuschung seinerseits über unsere Absage, mit ihm Mittag zu essen. Fahrt auf Highway No. 4, der einzigen überregionalen Verbindung zwischen Thailands Norden und Süden. Spontane Detour zu einem angeblichen Wasserfall. Die Schlammpiste, sonst eher für Geländewagen der IS Standardzulieferer Isuzu oder Toyota konzipiert, wird im champagnerfarbenen Accord von meinem Mitreisenden mühelos zurückgelegt. Der anschließende Dschungeltreck zum Wasserfall führt mehrfach zum plötzlichen Aufschrei, um – gegenüber dem jeweils anderen – eine Attacke von bösartigen Reptilien zu simulieren. Wir klettern zum 60 Meter höher gelegenen Wasserbecken des Falls, das sofort kommerziell genutzt wird. Mein Mitreisender zieht sich aus, während das Spektakel mit der Digicam direkt vermarktbar aufgezeichnet wird. Drei Stunden später entschleunigen wir den Honda auf einer Schotterpiste unweit einer Menschenansammlung, die sich als Jahrmarkt entpuppt. Bei den Versuchen sowohl durch Kaliber 22 Beschuss als auch durch Ballonzielwerfen ein kaltes Getränk zu gewinnen, bleiben wir erfolglos. Der Budenbesitzer weigert sich die Getränke zu verkaufen. Es geht durstig weiter. Ranong, die Stadt, die angeblich für ihre warmen Quellen bekannt ist, besticht bei nächtlicher Ankunft vor allem durch eine Atmosphäre, die man sonst aus *Apocalypse Now* oder der Redneckromantik der *24* Abspannsequenz kennt, in der Kiefer Sutherland auf Bahngleisen gen Horizont schlurft. Das großartige Grenzstadtpanorama wird von einem im Dunkeln überaus ansprechenden Hotel aufgebrochen. In der Eingangshalle laufen Dire Straits. *Walk of Life.* Hier steigen wir sofort ab. Das Gebäude erinnert sehr an Prora auf Rügen und verhält sich auch in Sachen Körperertüchtigungmöglichkeiten ähnlich. Hier darf man zwischen 19 und 21 Uhr allabendlich im 65 Grad Celsius warmen Quellwasser auf- und abhüpfend sein körperliches Heil suchen. Die zwei südchinesischen Poolnachbarn tun genau dies. Das *Jansom Hot Spa Ranong* erinnert an einen Retortenvorort Warschaus. Das hauseigene Restaurant, das den Größenverhältnissen einer durchschnittlichen deutschen Gymnasialaula entspricht, ist komplett leer und wird von 13 Kellnern patrouilliert. An der hinteren Wand sitzt mittig ein Vietnamese, der auf seinem Korg Poly 800 *Bridge Over Troubled Water* spielt. Dazu wird gesungen. Hier bemerkt man den geografischen Unterschied zu Badeorten an der Brandenburger Seenplatte erst dann, wenn der gekonnt herzliche Thai-Garçon die handgeschriebene Rechnung überreicht, die sowohl in Diktion als auch Preisniveau den 1920er Jahren im Engadin entspricht. Der Eingangsbereich und die Raumabfolge des Korridors lassen den Verdacht zu, der Bauherr habe sich an Le Corbusiers Wohnmaschine vergriffen. Der Plattenbau bietet für 1200 Baht ein klimatisiertes Doppelzimmer mit Fernseher und Minibar. Piccolo Valdo, 375 ml Königsmosel, 8 Flaschen Singha. Die Sitzgarnitur aus gebeiztem Dunkelholz bewährt sich nach dem ausgedehnten Besuch im Außenpool. Dass Ranong der größte Umschlagplatz burmesischer Drogen ist, wird uns erst klar, als wir die Prostituierten auf dem Gang flanieren sehen. Der Kunde, dessen nachgespachtelter E36 3er-BMW uns bereits bei der Ankunft aufgefallen war, wartet im Nebenzimmer. Sehr zu empfehlen sind die Tischtennisplatten im Kellergeschoss, direkt neben den Riesengoldfischen gelegen. Es läuft Van Halen. *Jump.* Hier wird bis abends spät eine burmesische Interpretation des Rundlaufs gespielt. Nach sechs Stunden Autofahrt lädt das nächtliche Pingpong Derby zur Entspannung. Von den zehn Direktwahl-Möglichkeiten des Zimmertelefons überrascht uns die Nummer 9. Auf Knopfdruck wird man direkt mit der City Hall Ranong verbunden. Ob dies zur Erörterung politischer Fragen oder der Anzeige des Drogenkuriers im Nebenzimmer gilt, können wir nicht feststellen.

Donnerstag, 9. September

Nach dem Frühstück füttern wir Fische mit faustgroßen Melonenstücken. Die Welse sind angeblich Engel und ihr Verzehr führt zu Lepra. Wir essen lieber Toast. Der lokale Canyon besticht durch Ähnlichkeiten zu den Verfilmungen der Werke Karl Mays. *Im Tal des Todes.* Die Fahrt führt entlang der Grenze Burmas von Thailands Westküste an die Ostküste. Die 80 Kilometer durchs Landesinnere sind durch amazonasähnliche Verhältnisse geprägt. Das Einzige, was man hier nicht vermutet, ist Gegenverkehr auf dem eigenen Standstreifen bei 130 km/h. In einem kleinen Dorf inmitten der Tiefebene finden wir schließlich in einem kleinen Elektromarkt das langersehnte Scorpions Album. Der Honda reproduziert die Klänge der CD einwandfrei. Wir verlieren uns kurzzeitig in Gedanken an Klaus Meine – dem guten Freund Gerhard Schröders – und dem großen Rudolph Schenker. Während der Beifahrer auf der Weiterfahrt bei *I am still loving you* im Reiseführer eine Eintragung zum Railway Hotel Hua Hin findet, erzählt der Fahrer von seinen Kindheitsträumen kolonialer Hotelarchitektur. Schnell entscheiden wir uns für die Einquartierung im eben genannten Haus. In der Stadt des sommerlichen Königspalastes feiert man sich gerne selbst. Aus diesem Grund entstand 1923 auch die großzügig angelegte Herberge. Nach dem Einchecken verlassen wir das Grundstück, um den Bahnhof anzuschauen, der angeblich zum Bau des Hotels geführt hat. Die Menge westlicher Touristen auf der Straße treibt uns schnell in die Flucht und führt uns in ein japanisches Restaurant. Anschließend White Russians in der Elephant Bar. Die Pianobar gilt nach dem Bangkoker Oriental als erstes Hotel am Platz. Wem der hiesige Übernachtungspreis missfällt, der möge doch bitte für den gleichen Betrag in London drei Mal ins Kino gehen. Als wir nach unserer Rückkehr das Zimmer betreten, ist das Bett bereits abgedeckt. Auf dem Kissen liegt eine Lotosblüte.

Freitag, 10. September

Nach 10 Minuten in einer der Poolanlagen des direkt am Strand gelegenen Hotelgrundstücks genießen wir das üppige Frühstücksbuffet. Wiener Teigwaren. Kontinentalsortiment. Dim Sum. Die NZZ ist hier auf Wunsch erhältlich. Nach dem Verzicht auf Ei entscheiden wir uns für ein zügiges Abfahren der verbleibenden 300 Kilometer bis Bangkok. Der Highway No. 4, der in Hua Hin einmal mehr durch eine Stadt geleitet wird und dort in die Hauptstraße übergeht, führt uns beim Verlassen der Stadt an endlosen Hochhausplatten vorbei, die von Bangkoker Neureichen als Statussymbol genutzt werden. Die spätere Fahrt durch Bangkok präsentiert sich als Herausforderung an Verstand und Durchhaltevermögen. Nachdem das Fahrzeug am Flughafen erfolgreich übergeben worden ist, machen wir uns in einem Taxi wieder Richtung Innenstadt auf. Beim finalen Versuch, die Khao San Road zu vermeiden, verlieren die beiden Reisenden ihr Gesicht. Das an diesem Abend stattfindende Scorpions Konzert in Bangkok wird ad acta gelegt – zugunsten von *Herr der Ringe* (Teil 2) auf Videoleinwand in einem Café. Die Tagträumereien vom VIP Bereich mit Klaus Meine machen nun endgültig den drei Watermelon Shakes und Moscow Mules Platz, die es auch nicht mehr schaffen, dem körperlichen Bruch entgegenzuwirken.

Samstag, 11. September

Thai Air Flug TG 922 von Bangkok nach Frankfurt am Main. Es ist der 11. September. Obwohl man vermuten könnte, dass aufgrund des Datums die Stimmung an Bord angespannt sei, entlädt sich hier politische Einfalt in Stammtischgesprächen bei Singha und Wodka auf Crushed Ice. Die äußerst zuvorkommende Stewardess wird mehrmals von meinem Sitznachbar, einem nach Achselnässe riechenden Mann aus dem Großraum Wiesbaden, angepöbelt: »Wodka. Wodka!« Dessen jenseitiger Platznachbar besticht dadurch, dass er die eigene Pattaya Geschichte der vergangenen sieben Jahre rezitiert. Ich erinnere mich an eine Episode des damals noch jungen David Fincher und wünschte, der Deutsche möge an einem faustdicken pinken Dildo ersticken. Dann schlafe ich ein.

13

FACE

ansom Ranong
PA · HEALTH · RESORT

Bell Cap

.55 M.

Markus Miessen, geb. 1978, ist Architekt, Autor und Professor für Design.

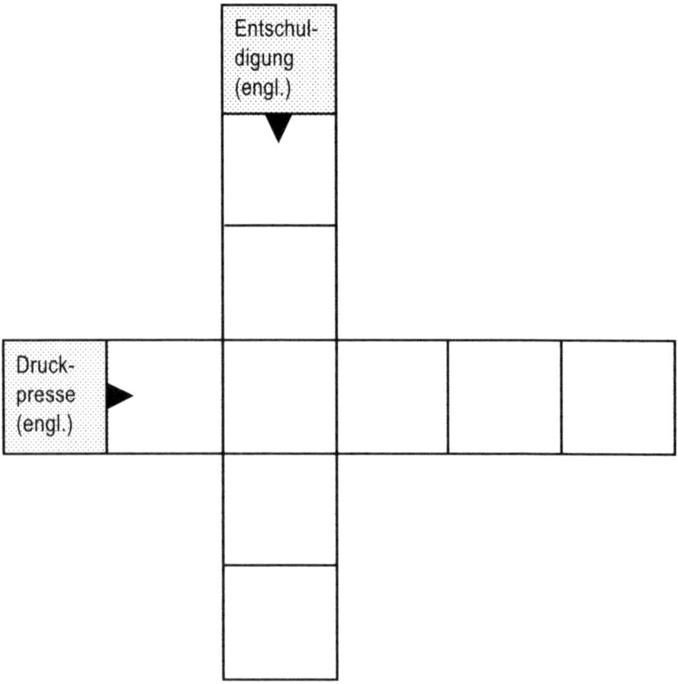

Die Auflösung finden Sie auf
www.sorry-press.com